Santa Dulce dos Pobres

Elam de Almeida Pimentel

Santa Dulce dos Pobres

Novena e ladainha

EDITORA
VOZES

Petrópolis

© 2019, Editora Vozes Ltda.
Rua Frei Luís, 100
25689-900 Petrópolis, RJ
www.vozes.com.br
Brasil

Todos os direitos reservados. Nenhuma parte desta obra poderá ser reproduzida ou transmitida por qualquer forma e/ou quaisquer meios (eletrônico ou mecânico, incluindo fotocópia e gravação) ou arquivada em qualquer sistema ou banco de dados sem permissão escrita da editora.

CONSELHO EDITORIAL

Diretor
Gilberto Gonçalves Garcia

Editores
Aline dos Santos Carneiro
Edrian Josué Pasini
Marilac Loraine Oleniki
Welder Lancieri Marchini

Conselheiros
Francisco Morás
Ludovico Garmus
Teobaldo Heidemann
Volney J. Berkenbrock

Secretário executivo
João Batista Kreuch

Editoração: Maria da Conceição B. de Sousa
Diagramação, revisão gráfica e capa: Editora Vozes

ISBN 978-85-326-6355-9

Editado conforme o novo acordo ortográfico.

Este livro foi composto e impresso pela Editora Vozes Ltda.

Sumário

1 Apresentação, 7
2 Histórico sobre a vida de Santa Dulce dos Pobres, 10
3 Novena de Santa Dulce dos Pobres, 14
   1º dia, 14
   2º dia, 15
   3º dia, 17
   4º dia, 18
   5º dia, 19
   6º dia, 21
   7º dia, 22
   8º dia, 23
   9º dia, 25
4 Orações a Santa Dulce dos Pobres, 27
5 Ladainha de Santa Dulce dos Pobres, 29

Apresentação

Santa Dulce dos Pobres foi uma religiosa católica, brasileira, que se tornou conhecida por suas obras de caridade e de assistência aos pobres e necessitados. Ela criou e ajudou a fundar várias instituições filantrópicas. Uma das mais famosas é o Hospital Santo Antônio, em Salvador. Suas obras sociais são referência nacional e também internacional.

Em 1954, ela fundou as Obras Sociais Irmã Dulce (Osid), um complexo composto de 21 núcleos, com serviços gratuitos, que vão desde escola de ensino integral a hospital com tratamento para câncer, pesquisa científica, ensino em saúde e preservação e difusão da história de sua fundadora.

Santa Dulce foi indicada ao Prêmio Nobel da Paz em 1988, pelo então Presidente José Sarney; porém, não ganhou o título. Em 2001, foi eleita uma entre os 12 maiores brasileiros de todos os tempos, em pesquisa feita pelo SBT (Sistema Brasileiro de Televisão), para eleger a personalidade que mais contribuiu para o país.

Santa Dulce, o Anjo da Bahia, segundo um dos seus biógrafos, "fez aliança com políticos e empresários para abrigar doentes, construir um hospital e dar educação para crianças abandonadas". Ela soube manter boas relações com políticos e empresários para que seus trabalhos assistenciais fossem mantidos. Dizia Santa Dulce: "Não entro na área política, não tenho tempo para me inteirar das implicações partidárias. Meu partido é a pobreza. A minha política é a do amor ao próximo".

O processo da causa da canonização de Santa Dulce (1914-1992) foi iniciado em janeiro de 2000, e seu primeiro milagre foi validado em 2003, pelo Papa João Paulo II. O milagre aconteceu na cidade de Itabaiana, em Sergipe, quando orações à Santa Dulce fizeram cessar uma hemorragia em Cláudia Cristina dos Santos, que padeceu durante 18h após dar à luz seu segundo filho. O segundo milagre ocorreu com o músico baiano José Maurício Moreira, que voltou a enxergar após 14 anos de cegueira, e foi reconhecido em 13 de maio de 2019 pelo Vaticano.

Em 13 de outubro de 2019, Santa Dulce foi canonizada pelo Papa Francisco, em cerimônia realizada no Vaticano. Santa Dulce dos

Pobres, primeira brasileira a ser declarada santa pela Igreja Católica.

    Santa Dulce dos Pobres é invocada por doentes, pessoas carentes e também para pedido de graça familiar em um momento de dificuldade. Este livrinho contém histórico de Santa Dulce, sua novena, oração e ladainha, como também passagens bíblicas, seguidas de uma oração para o pedido da graça especial, acompanhada de um Pai-nosso, uma Ave-Maria e um Glória-ao-Pai.

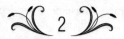

Histórico sobre a vida de Santa Dulce dos Pobres

Maria Rita de Souza Brito Lopes Pontes, conhecida como Irmã Dulce, Beata, Dulce dos Pobres ou Bem-aventurada Dulce dos Pobres, e atualmente Santa Dulce dos Pobres, o "Anjo da Bahia", foi uma religiosa católica, brasileira, que fez muita caridade, ajudando os pobres e os doentes.

Nasceu em 26 de maio de 1914, em Salvador. Faleceu em 13 de março de 1992, em Salvador. Maria Rita era filha de Dona Dulce Maria de Souza Brito e Dr. Augusto Lopes Pontes, dentista e professor da Universidade Federal da Bahia. Ela fazia parte de família de classe média alta, bem relacionada com pessoas influentes da Bahia.

Em criança, gostava de brincar de boneca, empinar pipa e de jogar futebol. Era torcedora do Esporte Clube Ypiranga, time formado pela classe trabalhadora e os excluídos sociais. Aos 7 anos de idade, em 1921, faleceu sua mãe, com apenas 26 anos de idade.

A religiosidade de Maria Rita se manifestou na adolescência, com a participação de sua tia paterna, Maria Magdalena. Aos 13 anos de idade, essa tia levou Maria Rita para visitar os doentes e pobres de um bairro de Salvador, onde havia muitos desempregados e doentes sem nenhuma assistência. Essa experiência mudou a vida de Maria Rita. Ela começou a arrecadar donativos para distribuir aos necessitados e até mesmo limpava ferimentos e fazia curativos. Maria Rita começou a manifestar o desejo de se dedicar à vida religiosa.

Com o consentimento da família e apoio de sua irmã, Dulcinha, Maria Rita transformou a casa da família, na Rua da Independência, 61, no Bairro de Nazaré, em Salvador, num centro de atendimento a pessoas necessitadas.

Em 8 de fevereiro de 1938, já formada como professora primária, Maria Rita entrou para a Congregação das Irmãs Missionárias da Imaculada Conceição da Mãe de Deus, na cidade de São Cristóvão, em Sergipe.

Em 13 de agosto de 1933, após seis meses de noviciado, recebeu o hábito de freira e passou a ser chamada de Irmã Dulce, em homenagem à sua mãe, Dulce. À época, estava com 19 anos de idade.

Em 1934, voltou para Salvador, e sua primeira missão religiosa foi ensinar em um colégio mantido por sua congregação, na cidade baixa, além de prestar assistência às comunidades pobres da região.

Aos 22 anos, Santa Dulce fundou, juntamente com Frei Hildebrando Kruthanp, a União Operária São Francisco, primeiro movimento cristão operário da Bahia. Três anos depois, ela e o frade criaram o Círculo Operário da Bahia para promoção cultural e social dos operários e defesa dos seus direitos.

Em maio de 1939, Santa Dulce inaugurou o Colégio Santo Antônio, voltado para os operários e seus filhos. No mesmo ano, para abrigar doentes, Santa Dulce invadiu cinco casas na Ilha do Rato, em Salvador. Foi expulsa do local, peregrinou e, depois, instalou os doentes em vários lugares, até transformar em albergue o galinheiro do Convento de Santo Antônio, que, mais tarde, deu origem ao Hospital Santo Antônio, centro de um complexo médico, social e educacional para atendimento a pessoas carentes.

Já doente, Santa Dulce construiu e manteve obras sociais. Em 2000, recebeu do Papa João Paulo II o título de "Serva de Deus".

Durante mais de 50 anos, sempre trabalhando para os necessitados, Santa Dulce, em 11 de novembro de 1990, começou a apresentar problemas respiratórios e precisou ser internada. Morreu aos 77 anos, no dia 13 de março de 1992, em seu quarto, no Convento Santo Antônio. Seu corpo foi sepultado no Alto do Santo Cristo, na Basílica de Nossa Senhora da Conceição da Praia e, depois, transferido para a Capela do Hospital Santo Antônio, Centro das Obras Sociais Irmã Dulce.

Santa Dulce foi declarada venerável em 21 de janeiro de 2009. Em 22 de maio de 2011, o cardeal-arcebispo de Salvador, Dom Geraldo Majella Agnelo, anunciou a beatificação da religiosa, que passou a ser reconhecida como "Bem-aventurada Dulce dos Pobres". Foi declarado o dia 13 de agosto como a data de sua festa litúrgica (dia em que Irmã Dulce se tornou irmã religiosa).

Em 13 de outubro de 2019, Santa Dulce foi canonizada pelo Papa Francisco, em cerimônia realizada no Vaticano, sendo reconhecida como Santa Dulce dos Pobres, primeira brasileira a ser declarada santa pela Igreja Católica.

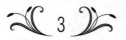

Novena de Santa Dulce dos Pobres

1º dia

Iniciemos com fé este primeiro dia de nossa novena, invocando a presença da Santíssima Trindade: em nome do Pai e do Filho e do Espírito Santo. Amém.

Leitura bíblica: Sl 100,3

Reconhecei que o Senhor é Deus! Ele nos fez, e somos seus: seu povo e ovelhas de seu rebanho.

Reflexão

Santa Dulce vivia de acordo com o que recomenda o salmo mencionado. Segundo ela, "há momentos em que nos sentimos abandonados porque nos esquecemos da onipotência de Deus. Ele tudo vê. Então, é preciso acreditar e ter certeza de que nada é impossível aos olhos de Deus".

Pensando nisso, vamos colocar nossas angústias e problemas nas mãos do Senhor, através da Santa Dulce dos Pobres. Vamos deixar que ela fale ao nosso coração, orientando nosso caminho.

Oração
Santa Dulce dos Pobres, na certeza do vosso amor por Jesus e por mim, entrego em vossas mãos todos os meus problemas e angústias. Vinde em meu socorro, derramai sobre... (fala-se o nome da pessoa que necessita da graça) vossa graça, que tanto necessita.

Pai-nosso.

Ave-Maria.

Glória-ao-Pai.

Santa Dulce dos Pobres, intercedei por nós!

2º dia

Iniciemos com fé este segundo dia de nossa novena, invocando a presença da Santíssima Trindade: em nome do Pai e do Filho e do Espírito Santo. Amém.

Leitura bíblica: 1Jo 4,16

Nós conhecemos o amor que Deus tem por nós, e nele acreditamos. Deus é amor, e quem permanece no amor permanece em Deus, e Deus nele.

Reflexão

O amor de Deus é maior do que qualquer sofrimento que enfrentamos. Ele sempre está conosco. Amamos a Deus quando cumprimos os seus mandamentos e amamos os nossos semelhantes.

Segundo a Santa Dulce dos Pobres, "o amor supera todos os obstáculos, todos os sacrifícios. Por mais que façamos, tudo é pouco diante do que Deus fez por nós".

Oração

Santa Dulce dos Pobres, agradecemos por nos ensinar que é possível ter um amor incondicional por Deus. Ajudai-nos a oferecer amor e perdão a quem nos magoou.

Santa Dulce dos Pobres, alcançai-me a graça que a vós suplico... (fazer o pedido).

Pai-nosso.

Ave-Maria.

Glória-ao-Pai.

Santa Dulce dos Pobres, intercedei por nós!

3º dia

Iniciemos com fé este terceiro dia de nossa novena, invocando a presença da Santíssima Trindade: em nome do Pai e do Filho e do Espírito Santo. Amém.

Leitura do Evangelho: Mt 25,35-36.46

> Porque tive fome e me destes de comer, tive sede e me destes de beber, fui peregrino e me acolhestes, estava nu e me vestistes, enfermo e me visitastes, estava na cadeia e viestes me ver. / [E o rei dirá:] Eu vos garanto: quando deixastes de fazer isso a um desses pequeninos, foi a mim que não o fizestes.

Reflexão

Santa Irmã Dulce atendeu a todos os que procuraram por ela. Dizia que "sua política era a de amor ao próximo". O que fazer para mudar o mundo? Amar. O amor pode sim vencer o egoísmo; foi visitando os pobres e ajudando doentes e necessitados, sensível ao sofrimento de seus semelhantes, que Santa Dulce atendeu à mensagem de Evangelho.

Oração
Santa Dulce dos Pobres, ajudai-me a reconhecer a presença de Deus em minha vida. Neste momento especial de minha vida peço vossa intervenção para que... (fazer o pedido).

Pai-nosso.

Ave-Maria.

Glória-ao-Pai.

Santa Dulce dos Pobres, intercedei por nós!

4º dia

Iniciemos com fé este quarto dia de nossa novena, invocando a presença da Santíssima Trindade: em nome do Pai e do Filho e do Espírito Santo. Amém.

Leitura bíblica: Ap 3,20

> Já estou chegando e batendo à porta. Se alguém ouvir a minha voz e abrir a porta, entrarei em sua casa e juntos faremos a refeição.

Reflexão

A vida de Santa Dulce dos Pobres foi totalmente dedicada a Deus, sempre pensando em fazer caridade, sempre se colocando a serviço de Deus e de seus semelhantes. A confiança e devoção levaram Santa Dulce a perceber a presença de Deus em todos os momentos de sua existência: "Quando nenhum hospital quiser aceitar algum paciente, nós aceitaremos. Esta é a última porta, e por isso não posso fechá-la".

Oração
Santa Dulce dos Pobres, símbolo de caridade e amor ao próximo, ajudai-me a ser forte na fé, na esperança, no amor a Deus e alcançai-me a graça que neste momento suplico... (fazer o pedido).

Pai-nosso.

Ave-Maria.

Glória-ao-Pai.

Santa Dulce dos Pobres, intercedei por nós!

5º dia

Iniciemos com fé este quinto dia de nossa novena, invocando a presença da Santíssima Trindade: em nome do Pai e do Filho e do Espírito Santo. Amém.

Leitura bíblica: Fl 4,13

Tudo posso naquele que me conforta.

Reflexão

Jesus é "o Caminho, a Verdade e a Vida". Nos momentos em que nos sentimos abandonados não podemos nos esquecer de que não existe o impossível para Deus. Assim, Santa Dulce não desistia, dialogava com todas as classes sociais, pedindo ajuda para os pobres e doentes. Não tendo onde colocar doentes, pediu à madre superiora de seu convento e os abrigou no galinheiro ao lado do convento, e assim deu início à sua obra social, solicitando ajuda de pessoas influentes na época para transformar o local adequadamente para receber os doentes.

Oração

Santa Dulce dos Pobres, ensinai-nos a ter um amor incondicional por Deus, capacitando-nos a enfrentar as dificuldades com força, perseverança e coragem. Alcançai-me a graça que vos suplico... (fazer o pedido).

Pai-nosso.

Ave-Maria.

Glória-ao-Pai.

Santa Dulce dos Pobres, intercedei por nós!

6º dia

Iniciemos com fé este sexto dia de nossa novena, invocando a presença da Santíssima Trindade: em nome do Pai e do Filho e do Espírito Santo. Amém.

Leitura bíblica: Gl 6,2

> Carregai o peso uns dos outros, e assim cumprireis a lei de Cristo.

Reflexão

A ajuda de alguém e a fé em Deus muito contribuem nas horas de dificuldade. Estendendo a mão para ajudar o outro, estamos cumprindo a lei de Deus. E assim fez Santa Dulce, que, aos 13 anos de idade, transformou sua casa, em Salvador, num centro de atendimento à população carente, com o consentimento de sua família.

Oração
Santa Dulce dos Pobres, protetora dos necessitados e enfermos, auxiliai-nos neste momento difícil, alcançando-nos a graça... (fazer o pedido).

Pai-nosso.

Ave-Maria.

Glória-ao-Pai.

Santa Dulce dos Pobres, intercedei por nós!

7º dia

Iniciemos com fé este sétimo dia de nossa novena, invocando a presença da Santíssima Trindade: em nome do Pai e do Filho e do Espírito Santo. Amém.

Leitura bíblica: Rm 12,12

> Sede alegres na esperança, pacientes no sofrimento e perseverantes na oração.

Reflexão

Enfrentamos desafios, problemas em nossa vida, e enfrentá-los depende de não perdermos a fé e a esperança em Deus, pois nossa força e esperança estão em nossas orações a Ele.

"Há momentos em que nos sentimos abandonados porque nos esquecemos da onipotência de Deus", dizia Santa Dulce.

Oração
Santa Dulce dos Pobres, em vossas mãos entrego todos os meus problemas, pois confio em vós. Concedei-me a graça... (fazer o pedido).

Pai-nosso.

Ave-Maria.

Glória-ao-Pai.

Santa Dulce dos Pobres, intercedei por nós!

8º dia

Iniciemos com fé este oitavo dia de nossa novena, invocando a presença da Santíssima Trindade: em nome do Pai e do Filho e do Espírito Santo. Amém.

Leitura do Evangelho: Mc 10,51-52

Tomando a palavra, Jesus lhe perguntou: "O que queres que te faça?" O cego respondeu: "Mestre, eu quero ver de novo!" E Jesus lhe disse: "Vai, tua fé te curou!" No mesmo instante ele começou a ver de novo e se pôs a segui-lo pelo caminho.

Reflexão

A cura do cego Bartimeu, em Jericó, mostra a sua fé e a sua esperança em Jesus, levando-nos a refletir que nada é impossível quando se pede com fé e confiança. Santa Dulce a todos acolhia e a todos atendia, sempre pregando o Evangelho, dando catequese no horário de almoço aos operários das fábricas em Salvador. No Hospital Santo Antônio também evangelizava os doentes.

Oração

Santa Dulce dos Pobres, ajudai-me a ter fé em Deus. Concedei-me a vossa proteção para que... (fazer o pedido).

Pai-nosso.

Ave-Maria.

Glória-ao-Pai.

Santa Dulce dos Pobres, intercedei por nós!

9º dia

Iniciemos com fé este nono dia de nossa novena, invocando a presença da Santíssima Trindade: em nome do Pai e do Filho e do Espírito Santo. Amém.

Leitura bíblica: 1Ts 5,17-18

> Orai sem cessar. Em todas as circunstâncias dai graças, porque esta é a vontade de Deus para conosco em Cristo Jesus.

Reflexão

Devemos colocar nossa vida nas mãos de Deus e ter paciência para esperar, deixando-o agir. Nossas orações têm poder, dando-nos esperança.

Santa Dulce rezava constantemente. Segundo as freiras que conviveram com ela, Santa Dulce rezava o rosário diariamente: "Nós não podemos conseguir nada se nós não fizermos de nossa vida uma oração contínua", dizia.

Oração

Santa Dulce dos Pobres, ensinai-me a rezar sempre, percebendo a presença de Deus em todos os momentos. Alcançai-me a graça que neste momento vos suplico... (fazer o pedido).

Pai-nosso.

Ave-Maria.

Glória-ao-Pai.

Santa Dulce dos Pobres, intercedei por nós!

ORAÇÕES A SANTA DULCE DOS POBRES

1 Oração a Santa Dulce dos Pobres, feita por Dom Geraldo Majella, ex-arcebispo de Salvador e Primaz do Brasil

Senhor nosso Deus, lembrados de vossa filha, a Santa Dulce dos Pobres, cujo coração ardia de amor por vós e pelos irmãos, particularmente os pobres e excluídos, nós vos pedimos: dai-nos idêntico amor pelos necessitados; renovai nossa fé e esperança e concedei-nos, a exemplo dessa vossa filha, viver como irmãos, buscando diariamente a santidade, para sermos autênticos discípulos missionários de vosso filho Jesus. Amém.

2 Senhor nosso Deus

Recordando a vossa serva Dulce Lopes Pontes, ardente de amor por vós e pelos irmãos, nós vos agradecemos pelo seu serviço em favor dos pobres e excluídos.

Renovai-nos na fé e na caridade. E concedei-nos, a seu exemplo, convivermos em comunhão, com simplicidade e humildade, guiados pela doçura do Espírito de Cristo.

Bendito nos séculos dos séculos. Amém.

Ladainha de Santa Dulce dos Pobres

Senhor, tende piedade de nós.
Jesus Cristo, tende piedade de nós.
Senhor, tende piedade de nós.

Jesus Cristo, ouvi-nos.
Jesus Cristo, atendei-nos.

Pai Celeste, que sois Deus, tende piedade de nós.
Deus Filho, Redentor do mundo, tende piedade de nós.
Deus Espírito Santo, tende piedade de nós.
Santíssima Trindade, que sois um só Deus, tende piedade de nós.

Santa Maria, Mãe de Deus, rogai por nós.
Santa Maria, Rainha dos Mártires, rogai por nós.

Santa Irmã Dulce, Santa dos Pobres, rogai por nós.

Santa Dulce dos Pobres, santa querida, rogai por nós.

Santa Dulce dos Pobres, santa protetora, rogai por nós.

Santa Dulce dos Pobres, santa dos aflitos, rogai por nós.

Santa Dulce dos Pobres, Santa da paz, rogai por nós.

Santa Dulce dos Pobres, santa corajosa, rogai por nós.

Santa Dulce dos Pobres, santa amiga, rogai por nós.

Santa Dulce dos Pobres, santa guardiã, rogai por nós.

Santa Dulce dos Pobres, santa defensora dos oprimidos, rogai por nós.

Santa Dulce dos Pobres, santa consoladora dos aflitos, rogai por nós.

Santa Dulce dos Pobres, santa protetora da saúde, rogai por nós.

Santa Dulce dos Pobres, santa dos angustiados, rogai por nós.

Santa Dulce dos Pobres, santa poderosa, rogai por nós.

Santa Dulce dos Pobres, santa da família, rogai por nós.

Santa Dulce dos Pobres, santa dos doentes, rogai por nós.
Santa Dulce dos Pobres, santa educadora, rogai por nós.
Santa Dulce dos Pobres, santa misericordiosa, rogai por nós.
Santa Dulce dos Pobres, santa exemplo de força e perseverança, rogai por nós.
Santa Dulce dos Pobres, santa símbolo da caridade, rogai por nós.
Santa Dulce dos Pobres, santa de amor, rogai por nós.
Santa Dulce dos Pobres, santa dos oprimidos, rogai por nós.

Cordeiro de Deus, que tirais o pecado do mundo, perdoai-nos, Senhor.
Cordeiro de Deus, que tirais o pecado do mundo, ouvi-nos, Senhor.
Cordeiro de Deus, que tirais o pecado do mundo, tende piedade de nós, Senhor.

Jesus Cristo, ouvi-nos.
Jesus Cristo, atendei-nos.

Rogai por nós, Santa Dulce dos Pobres
Para que sejamos dignos das promessas de Jesus Cristo.

CULTURAL
CATEQUÉTICO PASTORAL
TEOLÓGICO ESPIRITUAL
REVISTAS
PRODUTOS SAZONAIS
VOZES NOBILIS
VOZES DE BOLSO

CADASTRE-SE
www.vozes.com.br

EDITORA VOZES LTDA.
Rua Frei Luís, 100 – Centro – Cep 25689-900 – Petrópolis, RJ
Tel.: (24) 2233-9000 – Fax: (24) 2231-4676 – E-mail: vendas@vozes.com.br

UNIDADES NO BRASIL: Belo Horizonte, MG – Brasília, DF – Campinas, SP – Cuiabá, MT
Curitiba, PR – Fortaleza, CE – Goiânia, GO – Juiz de Fora, MG
Manaus, AM – Petrópolis, RJ – Porto Alegre, RS – Recife, PE – Rio de Janeiro, RJ
Salvador, BA – São Paulo, SP